AF497888

DU PASTEL.

Paris. — Imprimerie GERDÈS, rue Saint-Germain-des-Prés, 14,

DU PASTEL.

TRAITÉ

DE SA COMPOSITION, DE SA FABRICATION, DE SON EMPLOI

DANS LA PEINTURE,

ET DES MOYENS PROPRES A LA FIXER,

PRÉCÉDÉ

DE QUELQUES CONSIDÉRATIONS SUR LE DESSIN ET LE COLORIS,

PAR S. JOZAN,

PEINTRE DE GENRE, PROFESSEUR DE DESSIN ET DE PEINTURE.

« Les crayons mis en poudre imitent les couleurs
« Que dans un teint parfait offre l'éclat des fleurs.
« Sans pinceaux, le doigt seul place et fond chaque teinte;
« Le duvet du papier en conserve l'empreinte,
« Un cristal la défend; ainsi, de la beauté
« Le Pastel a l'éclat et la fragilité. »

WATELET.

2ᵉ édition

Corrigée et augmentée.

PARIS,

CHEZ DANLOS, ÉDITEUR,

QUAI MALAQUAIS, 7,

CHEZ L'AUTEUR, RUE LOUIS-LE-GRAND, 29,

ET CHEZ LES PRINCIPAUX LIBRAIRES, ÉDITEURS ET MARCHANDS D'ESTAMPES

DE PARIS ET DES DÉPARTEMENTS.

1852

INTRODUCTION.

Il existe de nombreux ouvrages sur le dessin et la peinture, aucun ne traite spécialement du pastel ; c'est assurément une lacune, sinon peut-être pour les artistes, du moins certainement pour les amateurs. Ne serait-il pas utile de donner des notions, à peu près complètes, sur un art aujourd'hui fort en vogue ? Je l'ai pensé, et les sollicitations de mes élèves m'ont décidé à publier ce petit Traité.

Je ne viens pas proclamer des moyens nouveaux et les offrir comme les seuls bons à suivre. Ma tâche est plus modeste : je ne me propose, on le devine, que d'initier à l'art de peindre au pastel la classe nombreuse des amateurs et des jeunes artistes, et surtout d'être utile à ceux qui, habitant la province, sont trop éloignés des grandes villes pour pouvoir se procurer les conseils d'un professeur.

La difficulté de connaître les principes et de se procurer le matériel d'un genre de peinture facile et amusant prive beaucoup de personnes d'une source de jouissance, d'un agréable délassement, surtout aux heures d'ennui de la solitude.

Le dessin, dont la connaissance fait aujourd'hui partie d'une bonne éducation, ne suffit pas toujours. On désire peindre ; mais l'attirail qu'entraîne la peinture à l'huile effraie beaucoup de personnes, et la perfection qu'elle exige fait qu'on n'ose pas l'aborder : la peinture au pastel n'offre aucun de ces inconvénients ; elle n'est ni trop difficile, ni très-dispendieuse, ni très-embarrassante ; plus fraîche, plus gaie que la peinture à l'huile, elle répond au goût de l'époque pour le petit, le délicat, le badin, le léger. Puisque chez nous la mode règne et prédomine dans les arts, il est bien naturel qu'elle prédomine dans les procédés ; aussi la peinture au pastel a-t-elle repris la faveur que la sévérité du commencement de ce siècle lui avait fait perdre ; elle est à la mode, c'est dire qu'elle est devenue un besoin et qu'on lui doit un traité spécial, mettant chacun à même de s'y adonner sûrement et presque sans le secours d'un maître.

J'ai fait précéder ce petit Traité de quelques considérations générales sur le dessin et le coloris. J'ai dû supposer ceux à qui je m'adresse assez forts déjà sur le dessin pour être initiés au pastel ; et comme je ne perdrai pas de vue que ce Traité s'adresse particulièrement aux novices, j'entrerai dans des détails qui pourront paraître futiles à quelques personnes, mais que les commençants apprécieront ; je leur épargnerai ainsi les difficultés que l'on rencontre, au premier abord, dans l'exécution, mais qu'un peu de pratique dissipe promptement.

Je ferai de mon mieux pour mettre un peu d'ordre dans mes matériaux, je tâcherai de leur donner l'empreinte d'une méthode. Je compte sur l'indulgence, et je la réclame pour un travail que je n'osais pas aborder, en raison des difficultés qu'il présente.

JOZAN.

DU DESSIN.

> « De la partie au tout il existe un accord;
> « Les membres ont entre eux un mutuel rapport,
> « L'ensemble des objets est leur forme prescrite :
> « L'œil juste l'aperçoit; l'œil exerce l'imite;
> « Et le crayon leger pour en fixer l'effet
> « Rend, par un trait précis, cet ensemble parfait. »
>
> WATELET.

Je n'ai pas la prétention de faire ici un cours de dessin ou de peinture; je n'entrerai donc pas dans le détail des moyens employés dans l'étude de cet art, sous le rapport matériel; ils ont d'ailleurs été l'objet d'un grand nombre de traités. Je crois devoir seulement présenter, sur les principes de cet art, quelques considérations générales et théoriques qui m'ont paru dignes de l'attention des amateurs, et susceptibles de les amener à perfectionner ce qu'ils savent déjà.

C'est par le dessin que l'on commence à s'initier dans les mystères de la peinture; il est, pour ainsi dire, la base fondamentale de l'édifice, et doit être, par conséquent, l'objet des considérations les plus importantes. Ceux qui s'y destinent doivent consacrer à son étude l'âge où la main, commençant à devenir ferme, tout en étant docile et souple, peut ainsi facilement exécuter les divers mouvements qu'exige ce genre de travail.

Le dessin ayant pour but l'imitation fidèle de la nature, pour bien dessiner il faut que l'œil voie juste, et que la main obéisse avec précision et docilité; pour faire acquérir ces deux qualités à ces organes, il faut les exercer de bonne heure par une pratique constante; car le meilleur dessinateur sera celui qui apportera le plus d'exactitude dans la comparaison de l'objet réel avec l'imitation; il copiera dès lors plus fidèlement, et dessinera avec plus de perfection.

Parmi les qualités qu'un dessinateur doit essentiellement avoir, se place en première ligne l'esprit d'observation. On comprendra facilement que, dans un art tout d'imitation, cette qualité est indispensable; cependant elle manque très-communément aux élèves, et même à quelques artistes.

Le dessin se compose de trois genres principaux :

1° La figure;

2° Les animaux;

3° Le paysage.

La figure a été, de tout temps, considérée comme l'étude principale et comme la partie de la peinture la plus difficile à acquérir et à perfectionner. On y arrivera par la connaissance de l'ostéologie et de la myologie, qui donneront une idée plus précise, plus juste et plus profonde des formes; car ce sont les os qui décident, en partie, les formes extérieures; et lorsqu'on connaît bien leur structure, leurs emmanchements, la façon dont ils se meuvent, on est bien plus sûr de leur assigner leur place ou leur proportion. L'étude des muscles qui les font agir, et dont la plupart sont extérieurs, celle des diverses variations produites dans leur forme par le mouvement, sont une suite de cette observation. On évitera, par ces connaissances, de produire des figures grimaçantes et bouffies, monstruosités qui sont le résultat de l'ignorance.

L'usage de dessiner continuellement la nature donne et conserve à l'artiste ce goût de vérité qui touche et intéresse machinalement les spectateurs les moins instruits. Le nombre des parties du corps humain, et la variété que leur donnent les divers mouvements, forment des combinaisons trop étendues pour que l'imagination ou la mémoire puisse les conserver et se les représenter toutes. Quand cela serait possible, les autres parties de la peinture y apporteraient de nouveaux obstacles. Comme les parties du dessin sont moitié théoriques, moitié pratiques, il faut que la réflexion et le raisonnement servent principalement pour acquérir les premières, et que l'habitude réitérée aide à renouveler continuellement les autres.

Ce genre doit être considéré comme le plus noble et le plus difficile dans l'art de peindre; ceux qui le possèdent se trouvent avoir acquis une facilité extrême à imiter tous les objets; cependant les

deux autres genres méritent une attention et une étude particulières.

Les animaux demandent un soin tout particulier pour être dessi-
nés correctement et avec la grâce et le caractère qui sont propres
à chacun d'eux; ce sont des êtres animés, sujets à des passions, et
capables de mouvements variés à l'infini; leurs parties diffèrent des
nôtres dans les formes, dans les jointures, dans les emmanchements.
Les animaux ne pouvant tenir longtemps en place, pour les bien
dessiner, la connaissance de l'anatomie sera indispensable; car si le
dessinateur ne connaît pas non-seulement la forme et la place des
muscles de l'animal au repos, mais encore celles que prennent ces
mêmes muscles lorsqu'ils agissent, comment pourra-t-il saisir instantanément ces formes dans les actions forcées et rapides occasionnées par les courses et le mouvement?

Il est nécessaire que le peintre fasse surtout des études d'après les
animaux qui se trouvent le plus ordinairement liés avec les actions
des hommes ou avec les sujets qu'il se propose de traiter : tels sont
les animaux domestiques, le gibier et les bêtes fauves.

Le paysage est encore une partie essentielle de l'art du dessin. La
liberté que donnent ses formes plus ou moins indéterminées pourrait faire croire que l'étude de la nature serait moins nécessaire
pour ce genre; cependant il est si facile de distinguer dans un dessin un site pris sur la nature de celui qui est composé d'imagination, qu'on ne peut douter du degré de perfection qu'ajoute cette
vérité qui se fait si bien sentir; d'ailleurs, quelque imagination
qu'ait un artiste, il est difficile qu'il ne se répète pas, s'il n'a recours à la nature, cette source inépuisable de variété.

Les draperies, les fleurs, les fruits, tout enfin doit être étudié et
dessiné d'après nature.

C'est à tort qu'un grand nombre de personnes, après avoir dessiné quelque temps, pensent en savoir assez pour se livrer à l'étude
de la peinture; elles se persuadent probablement que l'art de peindre consiste uniquement dans l'emploi des couleurs, et que l'éclat
du coloris remplacera les autres parties de l'art qu'elles ignorent.
Cette impatience blâmable de l'emploi des couleurs ne les conduira
qu'à produire une peinture médiocre, ayant pour unique qualité
quelques tons bien *léchés*, dont la crudité, jointe au mauvais dessin,
ne présentera jamais qu'une incorrection choquante; aussi ces per-

sonnes ne doivent-elles jamais espérer de sortir du nombre des co-
pistes, et si elles arrivent, tant bien que mal, à imiter, au moyen
du mécanisme de l'art, quelques tableaux faciles, elles ne pourront
jamais atteindre ce but commun aux amateurs aussi bien qu'aux
artistes : la composition. Ces personnes devraient bien se convaincre
d'une grande vérité : c'est que, pour devenir un bon peintre, il
faut, avant tout, se faire habile dessinateur.

Pour acquérir cette habileté de dessin, la pratique seule, quoique
longue, ne suffit pas toujours; l'observation, la méditation, la théorie, doivent aussi concourir à la former.

Quel que soit le genre qu'adoptent les élèves, nous les engagerons
donc, avant de se livrer à la peinture, à se perfectionner dans le
dessin, surtout en travaillant constamment d'après nature et en
consultant surtout les ouvrages des grands maîtres. Ils acquerront
ainsi de la facilité d'exécution; leur mémoire, conservant le souve-
nir des formes, leur permettra de faire des compositions, et, lorsqu'ils aborderont l'étude de la peinture, ils seront récompensés de
leur peine par des progrès rapides, parce qu'ils posséderont à fond
toutes les connaissances qui font le bon dessinateur, et n'auront plus
alors qu'à s'occuper de l'art du coloris.

On a longtemps agité, et l'on agite encore cette question : Lequel
du dessin ou du coloris doit être subordonné à l'autre?

On jugera facilement que ceux qui étaient plus sensibles aux
beautés du coloris qu'à celles du dessin, ou qui étaient amis d'un
peintre coloriste, donnaient la préférence à cette partie brillante de
l'art; tandis que ceux qui préféraient la forme, ou qui ne sentaient
pas la couleur, soutenaient le parti contraire. Que devait-il arriver
de là? Ce qui résulte ordinairement des discussions que la partialité
produit; elles n'ont aucune solidité, elles ne contribuent point à la
perfection des arts ni à ce bien général que tout homme qui fait
usage de son bon sens devrait toujours avoir en vue; elles ne sont
souvent qu'un abus de l'esprit. L'imitation de la nature, qui est le
but de la peinture, consiste dans l'imitation de la forme des corps
aussi bien que dans celle de leurs couleurs. Vouloir décider lequel
du dessin ou de la couleur est le plus essentiel à l'art de peindre,
c'est vouloir déterminer lequel de l'âme ou du corps de l'homme
contribue le plus à son existence.

DU COLORIS.

Beaucoup de personnes, qui désirent peindre, s'imaginent que l'art du coloris est chose facile; elles croient, sans trop y réfléchir, qu'il leur suffira d'employer du vert pour peindre des arbres, et qu'avec de la *couleur de chair* elles feront une figure. Elles ne restent pas longtemps dans cette douce illusion, et, après quelques essais plus ou moins infructueux, la crudité de tons, le manque d'ensemble et d'harmonie, ne tardent pas à leur faire comprendre toutes les difficultés qu'elles auront à vaincre avant d'arriver à copier juste la nature et à produire un coloris vrai et harmonieux.

De toutes les parties de l'art de peindre, celle qui concourt le plus à produire l'illusion de l'objet imité et à lui donner l'apparence de la réalité est sans contredit l'art du coloris. Mais il ne suffit pas de donner à chaque corps la couleur qui lui est propre, il faut encore compléter l'effet de la couleur locale en lui donnant la valeur de ton relative à l'espacement de l'objet, et en le modifiant encore par les effets mystérieux du clair-obscur.

L'art du coloris est encore la connaissance des propriétés particulières de chaque couleur, de leur valeur et des différents effets produits par leur mélange, par leur affinité ou leur répulsion pour telle ou telle association.

Les matières colorantes employées aujourd'hui dans la peinture sont en très-grand nombre et susceptibles de se prêter à la combinaison d'une immense série de teintes qui se trouvent dans la nature.

Chacune de ces couleurs peut non-seulement former des teintes par sa combinaison avec une ou plusieurs autres couleurs, mais encore elle peut être ou plus claire ou plus foncée; ainsi, en se rapprochant du blanc elle deviendra plus claire, et en se rapprochant du noir elle deviendra plus foncée. Ces modifications prennent le nom de *dégradation*.

Le mécanisme des couleurs n'offre que peu de difficultés et s'acquiert assez facilement : leur choix, leurs gradations, leur heureux mélange, constituent essentiellement la peinture; mais leur juste emploi ne s'apprend pas. C'est un sentiment inné pour ainsi dire dont on ne pourrait faire aucune définition et pour lequel on ne peut donner aucun précepte : ainsi l'artiste de talent, habitué par une longue pratique, trouve immédiatement, sans les chercher, les tons vrais qu'il veut assimiler à ceux qu'il copie; mais il ne saurait dire exactement quelle couleur il a fait entrer dans chaque teinte, et avec quelle autre il a rendu son clair-obscur transparent.

Soit que le sentiment de la couleur tienne à la conformation des organes de la vue, ainsi que quelques personnes le prétendent, soit qu'il tienne à d'autres causes encore ignorées, il est certain que chacun voit d'une couleur différente. C'est ici la place d'examiner cette question si souvent agitée : Nos yeux voient-ils de même les couleurs?

Quoiqu'il soit physiquement et moralement impossible d'avoir la certitude du fait, il n'en a pas moins été décidé que chacun doit voir les couleurs d'un ton différent; on fait alors ce raisonnement : Puisque chacun de nos sens n'est point identiquement le même dans chaque individu, pourquoi celui de la vue serait-il privilégié? Pourquoi la nature qui, dans l'inépuisable variété de ses productions, n'a pas créé deux choses absolument semblables, aurait-elle fait exception pour la vue de l'homme? Pourquoi notre vue ne serait-elle point modifiée par la conformation de notre œil, soit dans la nature du cristallin, soit dans celle des humeurs vitrées et de la rétine, soit enfin dans toutes les autres parties qui le composent? En admettant ce fait, qui, après tout, n'est qu'une hypothèse, car jamais personne n'en pourra donner la preuve, quelle conséquence en pourra-t-on tirer pour la couleur? Si l'on admet, comme on le croit généralement, que tel homme voit violet ce que les autres voient rouge, comment cet homme pourra-t-il le faire connaître, puisqu'il serait forcé d'employer le même mot pour désigner une couleur qu'il voit différemment? Ainsi il montrera un objet qu'on lui a appris dès son enfance être rouge, et, quoiqu'il le voie violet, il dira : Voilà du rouge. Quand bien même il verrait différemment, puisque la peinture est un art d'imitation, s'il possède le degré d'exactitude et de jugement nécessaire dans la comparaison des couleurs, le résultat sera le même que s'il voyait comme tout le monde; car il emploiera le rouge qu'il voit violet pour représenter l'objet rouge qu'il voit violet (¹). La vraie différence sera donc uniquement dans son œil, son coloris ne devra donc en éprouver aucune modification, s'il a su copier juste ce qu'il a vu.

Quelques artistes qui, par hygiène, portent des lunettes dont les verres sont d'une légère demi-teinte bleue, se trouvent exactement dans ce cas ; cependant leur couleur ne se ressent en aucune manière de cette différence de perception.

Nous dirons donc, que ce serait à tort qu'un artiste prétendrait s'excuser de son mauvais coloris en disant : Je vois ainsi. Ce ne serait qu'une pitoyable excuse pour couvrir son incapacité.

C'est au manque d'esprit d'observation, qualité si éminemment nécessaire à ceux qui se livrent aux arts, qu'il faut attribuer le coloris faux ou exagéré et les tons disparates de certaines têtes peintes, dont les teintes lilas ressemblent à celles de ces poupées de carton ou de cire roses et fadasses qu'on voit ordinairement aux vitres des coiffeurs.

C'est le défaut d'observation qui fait que l'on produit des paysages vert-de-gris, des ciels bleu de Prusse, et des terrains couleur de citron ; c'est à la même cause qu'il faut attribuer le peu de vérité que les élèves mettent dans le clair-obscur.

En dessin, le clair-obscur (²) offre peu de difficultés, car il s'obtient en nuançant, plus ou moins, certains objets qui se trouvent dans l'ombre ; mais en peinture il devient d'une immense difficulté, en ce qu'il doit rendre avec vérité, à travers l'ombre, le coloris qu'aurait l'objet qui y est plongé s'il était exposé à la lumière. Aussi les commençants échouent-ils communément en traitant cette partie difficile de l'art ; s'ils peignent un objet, la partie dans l'ombre n'offre aucune analogie de couleur avec la partie éclairée, et, dans leurs paysages, les arbres semblent avoir plusieurs sortes d'écorces

---

(¹) Il y a exagération sans doute dans cette différence de perception du violet au rouge, mais c'est afin de rendre le fait plus sensible ; on doit croire que si nous voyons d'une manière différente, ce ne peut être qu'une modification très-légère des diverses nuances d'une même couleur.

(²) Peu de personnes s'entendent sur la définition du clair-obscur : les uns le définissent la science des ombres, des demi-teintes et des reflets ; quelques artistes appellent cela la science du clair et de l'ombre, et nomment clair-obscur l'art de de donner à l'ombre de la transparence, et de représenter, dans l'obscurité, le coloris qu'aurait le corps qui y est plongé, s'il était exposé à la lumière.

et de feuillages, et les terrains être de deux ou trois couleurs différentes; les maisons n'offrent aucun ensemble ou unité de couleur;
les parties qui sont dans l'ombre ne rappellent en aucune manière
la teinte de celles qui sont éclairées.

Dans la nature, la couleur de tous les objets se modifie par un
grand nombre de causes : par la quantité et la qualité de la lumière,
puisque ces différences agissent sur la couleur propre et sur son
intensité, par la quantité et la qualité de l'air interposé entre nous
et l'objet que nous voyons, et enfin par les reflets, par le clair-obscur et par plusieurs de ces causes réunies.

Ainsi, les couleurs, dans la nature, ne sont presque jamais, à nos
yeux, à leur état normal, c'est-à-dire que toutes ces causes leur font
éprouver des altérations, apparentes quant à elles, mais réelles
quant à nous.

L'air, considéré sous le point de vue de la couleur, est une vapeur déliée qui modifie la lumière et que la lumière modifie; il se
manifeste à la vue par une teinte bleuâtre (¹) dont il est coloré.

Cette vapeur bleuâtre, qui existe entre nous et les objets que nous
regardons, se combine, en apparence du moins, avec les couleurs
qui leur sont propres, et les modifie dans une proportion relative à
la masse d'air plus ou moins épaisse, selon qu'ils sont plus ou moins
éloignés de nous.

Ce qui explique pourquoi, plus l'objet est près de nous, plus sa
couleur paraît vive et pure; plus il en est distant, plus elle semble
altérée. Dans un paysage, nous voyons tous les objets qui tendent
vers l'horizon se dégrader sensiblement de couleur et gagner en
bleu ce qu'ils ont perdu de leur propre ton; aussi les montagnes
les plus éloignées nous apparaissent-elles souvent du plus beau
bleu.

Cet effet, qui n'est pas saisissable lorsque l'air est bien pur, deviendra très-sensible si on se place sur une route, le matin, au moment où les vapeurs forment un léger brouillard ; alors on verra
la couleur des arbres qui fuient vers l'horizon se modifier, s'altérer
de plus en plus et devenir plus vaporeuse, c'est-à-dire plus bleue à

(¹) Cette teinte est le résultat du rayon bleu, l'une des sept couleurs qui composent la lumière. Ce rayon, qui est le plus solide, donne sa couleur aux molécules
de l'air.

mesure que les arbres s'éloignent; aucun d'eux alors n'aura la même valeur de ton. Ceci est d'une vérité rigoureuse; toutefois nous devons dire que, pour bien apprécier cet effet, surtout dans les détails, il faut avoir un grand sentiment de la couleur et des yeux très-exercés, mais l'effet sera très-sensible dans l'ensemble.

En principe général, cette vapeur bleuâtre, en se combinant avec les couleurs qui sont propres aux divers objets, produit le même effet que celui qu'on obtiendrait sur la palette, si l'on mélangeait un peu de bleu avec ces mêmes couleurs. Ainsi, par l'interposition de l'air, le rose devient légèrement lilas, le jaune prend un ton verdâtre; il est à remarquer que les couleurs moins décidées sont plutôt atténuées que modifiées, mais en suivant toujours le même principe.

Lorsque l'air se charge de vapeurs plus ou moins épaisses, il perd sa transparence et son ton bleuâtre; par conséquent, les couleurs sont modifiées d'une manière différente; elles sont toutes atténuées dans une proportion plus forte, et reçoivent un ton plus ou moins gris.

Les effets du soleil levant et du soleil couchant viennent aussi modifier cette vapeur bleuâtre. Ainsi elle se charge plus ou moins de tons de laque le matin, et d'orangé ou de rouge au déclin du soleil; dans ce cas, les objets reçoivent une modification relative à celle que subit la vapeur.

Le coloris étant susceptible d'un très-grand nombre de modifications produites par des causes si variables, et qui dépendent encore du plus ou moins d'éloignement des objets et du plus ou moins de pureté de l'air, il est de toute impossibilité d'assujettir cet art à des règles fixes et invariables. L'élève devra donc avoir recours à la nature, l'étudier dans ses effets et la saisir sur le fait, chaque fois qu'il voudra la peindre sous quelque aspect que ce soit; il puisera encore de bons conseils dans l'étude des grands maîtres.

Ainsi que nous l'avons dit plus haut, les couleurs arrivent à nos yeux modifiées par toutes les causes que nous avons déduites; mais ces modifications ne deviennent sensibles à nos yeux qu'autant que nous avons acquis l'habileté nécessaire pour les bien apprécier. Comme nous savons d'avance quelle est la couleur de tel ou tel objet, nous ne pouvons nous persuader que la distance, ou toute autre cause, y apporte un changement aussi sensible; sous l'influence de ce préjugé, nous n'apercevons dans les objets que la teinte dominante que nous connaissons, et ses diverses nuances nous échappent. La théorie et l'observation pourront seules mettre à même de faire sentir ces diverses modifications. Sans théorie et sans observation, l'élève ne verra dans un arbre que du vert, quand l'artiste y verra des tons bleus, gris, jaunes, dorés; dans une tête de jeune fille, il n'apercevra que du blanc et du rose; les reflets bleus, les tons chauds, les teintes verdâtres lui échapperont. Pour le peintre, l'aspect change selon l'éloignement et la lumière, et le coloris des corps se modifie dans ses teintes, tandis que pour les autres il demeure toujours le même. Ceux-ci se croiraient trompés par leurs yeux, s'ils voyaient lilas ce qu'ils savent être rose, ou verdâtre ce qu'ils savent être jaune. Qu'ils ne croient pas faire de la peinture de convention en tenant compte de cette modification; en exerçant leur vue, ils seront bientôt à même d'apprécier et de reconnaître la justesse de ces observations; c'est alors qu'ils sauront mettre de l'air dans leur peinture et de l'harmonie dans l'ensemble.

Un grand moyen, dit-on, de devenir coloriste, c'est de copier les grands maîtres. Ce n'est pas assez, il faut toujours copier la nature et consulter les grands maîtres.

Les tableaux des grands maîtres sont, sans doute, d'excellents ouvrages à consulter et à étudier; on ne peut nier que notre goût est immanquablement dirigé par ce que nous avons sans cesse sous les yeux; mais il serait alors bon de ne consulter que des ouvrages irréprochables, qui pussent former le jugement et le goût, et non des ouvrages inférieurs, qui ne peuvent que les corrompre et diriger dans une fausse route.

Les grands peintres de toutes les écoles doivent être considérés comme des imitateurs de la nature, ayant cherché le vrai, et qui en ont le plus approché. Sous ce point de vue, l'élève qui veut apprendre à voir la nature doit l'étudier et chercher à découvrir ceux qui ont le mieux su la comprendre et la reproduire, afin de se les donner pour modèles, d'adopter la route qu'ils ont suivie, et d'apprendre à connaître, dans leurs ouvrages, ce qui eût échappé à toutes ses observations. Là se borne ce qu'il doit en attendre; la nature doit faire le reste. Elle seule pourra le guider dans le sentiment vrai du coloris; elle seule augmente la force du génie; c'est d'elle que l'art tire sa perfection par le moyen de l'expérience. Si l'étude de la nature est le commencement de la théorie de l'art, elle en est aussi la fin. C'est donc dans l'étude seule de la nature qu'on peut trouver cette vérité, cette harmonie du coloris qui fait le grand talent du peintre, et qu'il ne doit chercher nulle part ailleurs.

Observer est le grand secret pour devenir coloriste. Par l'observation, l'artiste étend ses connaissances; chaque heure de la journée, chaque variation de l'atmosphère, amènent des changements qu'on ne peut inventer. Il n'est donc qu'un moyen pour parvenir à les imiter ou à les fixer dans sa mémoire, c'est d'observer sans cesse.

DU PASTEL.

« Les crayons mis en poudre imitent les couleurs
« Que dans un teint parfait offre l'éclat des fleurs.
« Sans pinceaux, le doigt seul place et fond chaque teinte;
« Le duvet du papier en conserve l'empreinte,
« Un cristal la défend; ainsi, de la beauté
« Le PASTEL a l'éclat et la fragilité. »

WATELET.

La peinture au pastel est d'origine allemande et date du dix-sep-
tième siècle; quelques-uns en attribuent l'invention à Jean-Alexan-
dre Thièle, né à Erfurt en 1685, mort en 1752, et qui fut élève de
Manjoki; d'autres en font honneur à Mᵐᵉ Vernerin de Dantzick,
d'autres enfin, à Mˡˡᵉ Heide, née dans la même ville en 1688, et
morte en 1753. Quoi qu'il en soit, il est certain que Thièle a au
moins perfectionné ce genre de peinture.

Parmi ceux qui vivaient à la même époque et qui ont laissé en
France un nom célèbre dans ce genre, il faut citer en première
ligne : Maurice Quentin, de Latour, Jean Marc, Nattier et son élève
Louis Tocqué, François Boucher, Vigée et Jean-Baptiste Greuze de
gracieuse mémoire. De nos jours, Girodet a laissé de fort belles es-
quisses peintes au pastel.

La peinture au pastel passe généralement pour la plus facile ou
la plus commode, en ce qu'elle se quitte, se reprend, se retouche
et se finit autant qu'on le veut; elle est particulièrement utile dans
les études d'après nature, qui demandent à être faites en peu de
temps, surtout lorsqu'il s'agit de saisir un effet de peu de durée, tel
qu'un jeu de lumière, des formes de nuages, qui d'ordinaire pas-

sent vite, et doivent être saisis immédiatement. Elle est encore très-
utile pour jeter en esquisse une composition, un effet de coloris dont
on veut se rendre compte; aussi l'artiste donnera-t-il, sur tout autre
moyen, la préférence au pastel dont l'emploi est plus facile et plus
prompt, car l'esprit perd toujours de son feu par la lenteur des
moyens dont il est obligé de se servir pour exprimer et fixer ses
conceptions. La facilité de celui-ci lui permettra de suivre le rapide
essor de son génie, sans qu'il ait à combattre des difficultés dans les
moyens d'exécution.

Dans cette peinture, des crayons de toutes nuances font l'office
de pinceaux, on les nomme Pastels. Ce nom leur vient, selon les
uns, du mot italien *pastello* (petit rouleau de pâte), parce qu'ils sont
faits de pâtes de différentes couleurs; selon les autres, d'une plante
nommée Pastel (*isatis tinctoria*), avec le suc de laquelle on fait une
pâte sèche colorant en bleu, qui se nomme aussi Pastel, et dont les
teinturiers font grand usage.

Ces crayons, dits pastels, se frottent et s'étendent, au moyen du
doigt, sur un papier tendu qui happe et retient cette couleur réduite en poudre.

La vogue de ce genre de peinture, née avant le dix-huitième siècle, a disparu avec lui.

La mode, cette déesse fantastique qui, semblable aux comètes,
aime à reparaître à certaines périodes, vient de nous la ramener;
aussi tout le monde aujourd'hui, artistes et amateurs, veut-il faire
du pastel, et cherche-t-il à connaître les ressources de ce genre de
peinture, dont l'exécution prompte et facile est si précieuse, comme
nous l'avons dit, pour ceux qui veulent saisir la nature et s'emparer
de quelques-uns de ses charmes toujours si fugitifs.

On trouve, dans le commerce, des boîtes de pastels assortis pour
la figure et le paysage; chacune de ces boîtes se compose d'une série
de crayons tendres, dont les couleurs sont propres au genre pour
lequel elle est composée, et qui se complète par une autre série de
crayons demi-durs, assortis aux tons des pastels tendres.

Quand nous disons que ces tons complètent l'assortiment, nous
entendons que ce complément ne peut être que relatif à la série des
pastels tendres; car compléter les pastels, dans toute l'acception de
ce mot, ce serait une chose impossible, attendu qu'on ne peut faire
autant de pastels qu'on voit de tons dans la nature. Il a donc fallu

forcément s'arrêter à un certain nombre de teintes; pour le former l'on a choisi les plus utiles.

Dans ces boîtes, chaque couleur, naturelle ou mélangée, se compose d'une série de tons dégradés, variant de huit à douze, depuis la couleur la plus foncée jusqu'au blanc légèrement teinté, et l'assortiment est d'environ cent cinquante crayons; celui des pastels durs est de cent, et chaque série de couleurs, de quatre tons dégradés.

Des quantités innombrables de crayons tendres et demi-durs se vendent au détail, et permettent à l'artiste de composer sa palette à sa manière, dans son sentiment de couleur, et d'y venir puiser, au fur et à mesure de ses besoins, les tons qu'il doit remplacer lorsqu'ils sont usés et ceux qu'il n'a pas dans son assortiment.

La nature du fond sur lequel on peint varie selon le goût et la manière de faire de chacun. Le papier est le plus ordinairement employé.

Après avoir parlé de la peinture au pastel, nous indiquerons quelques moyens avantageux de la fixer.

La peinture terminée se met sous verre, afin de la préserver du contact de la poussière et des vapeurs qui pourraient en altérer plus ou moins le coloris.

Cette agréable peinture, qui ne tient au tableau que par la ténuité de ses parties, est susceptible de s'affaiblir ou de se dégrader par divers accidents que l'on peut toutefois éviter. Le soleil particulièrement est redoutable pour elle; il dévore, en peu de temps, la fraîcheur et la finesse du coloris. L'humidité n'est pas moins à craindre; lorsqu'elle ne détruit pas entièrement les tons, elle les change ou les atténue; elle dépose souvent aussi des taches livides qui la rendent désagréable à l'œil, surtout lorsqu'elles affectent une partie importante, telle que la figure, ou le ciel dans un paysage.

En prenant les précautions nécessaires, les couleurs du pastel ne sont guère plus sujettes à s'évanouir que celles des autres peintures, et l'on voit des pastels faits depuis quatre-vingts ans, qui offrent encore maintenant les nuances les plus vives. Quelques améliorations dans les couleurs employées aujourd'hui pourront faire espérer encore plus de solidité.

Nous nous occuperons donc, tout d'abord, de la composition des pastels, de la préparation des fonds et des accessoires, de l'emploi

des crayons, des moyens de fixer la peinture, et de ceux nécessaires
à sa conservation.

DE LA COMPOSITION DES PASTELS.

Il est à regretter que chaque artiste ne puisse pas confectionner
lui-même ses crayons, parce que ces préparations, qui demandent
beaucoup de tâtonnements et d'habitude, lui feraient perdre un
temps précieux, qu'il est bien plus dans son intérêt de consacrer
exclusivement aux arts.

Les moyens que nous donnons ici, sur cette branche spéciale du
matériel de l'art, pourront du moins être utiles aux artistes, pour
confectionner eux-mêmes les tons qui leur manquent ou qu'ils ne
pourraient trouver à assortir.

Les personnes qui habitent loin des grandes villes et ne peuvent
se procurer les choses nécessaires pour peindre au pastel, pourront, au moyen de ce petit traité, produire elles-mêmes tout ce qui
est indispensable à ce genre de peinture; partout on trouve les matières premières, il s'agit seulement de savoir les préparer. C'est ce
que nous voulons essayer de faire bien comprendre.

Les crayons ou pastels sont le résultat du mélange d'une couleur
avec une base incolore, le tout lié au moyen d'une eau mucilagineuse, jusqu'à la consistance d'une pâte molle, dont on forme de
petits cylindres que l'on fait sécher.

Comme il est très-important que les pastels puissent s'étendre facilement sur le papier, en couches bien uniformes, et qu'ils ne doivent contenir aucun corps graveleux, il ne faut pas employer in-
différemment toutes espèces de bases de couleurs ou de mucilages.
Il est telles couleurs qui acquièrent, en séchant, trop de dureté, et
la communiquent à toutes les pâtes dans la composition desquelles
on les fait entrer; d'autres sont susceptibles de prendre plus de cohésion avec telle base qu'avec telle autre. Il en est encore ainsi des
mucilages, qui, selon leur espèce, donnent trop ou trop peu de consistance aux pâtes. Il faudra donc, pour obtenir des pastels rem-

plissant toutes les qualités désirables, savoir faire un choix dans les matières, et les modifier selon les besoins.

DES MATIÈRES PREMIÈRES.

Le choix et la qualité des matières premières doivent être mis en première ligne.

Parmi les substances organiques colorantes, le règne minéral est très-riche et ne le cède, sous aucun rapport, au règne végétal ou animal. Les matières colorantes minérales ont, en général, une supériorité marquée, relativement à leur solidité, sur celles qui proviennent des végétaux ou des animaux.

Plusieurs couleurs, presque indispensables et qui sont employées dans les autres genres de peinture, ont été rejetées comme impropres à la confection des pastels. On a donc dû composer des tons analogues et assimilés, autant que possible, à ces couleurs, qui, par leur dureté ou leur peu de solidité, ne peuvent être employées; ainsi les couleurs dont les molécules indivisibles ne peuvent arriver à une grande ténuité doivent être rejetées; telles sont quelques couleurs minérales: la terre de Sienne brûlée, la terre de Cologne, la terre de Cassel, le bitume, la cendre verte, la cendre bleue, etc., dont la dureté est intraitable; les laques de cochenille, le jaune de Naples, les stils de grains, etc., qui n'adhèrent pas ou sont peu solides. J'indiquerai cependant quelques moyens d'en utiliser plusieurs, en leur faisant subir une préparation particulière, et de remplacer les autres plus avantageusement.

On ne peut employer les couleurs altérables par l'air ou par les vapeurs méphitiques, ni celles qui s'altèrent entre elles, telles que le bleu de Prusse, qui est détruit par les bases contenant de la chaux, le blanc de plomb, qui noircit facilement par les exhalaisons sulfureuses, les couleurs de laque végétale, qui souffrent du contact de l'air ou de la chaux.

DES BASES.

Les couleurs blanches servent de bases ou excipients à la plupart des crayons, en partie pour leur donner plus de corps et la structure terreuse, en partie pour les rendre plus clairs. Les principales sont :

La craie, ou blanc de Troyes (carbonate de chaux), dégagée de toutes matières étrangères et finement broyée;

L'argile blanche, ou terre de pipe, propre surtout pour les couleurs qui sont altérables par la chaux et pour celles qui ont peu de dureté par elles-mêmes. Cependant elle diminue la vivacité de certaines couleurs et devient dure en séchant;

Le plâtre, provenant de la calcination du sulfate de chaux; mais il a l'inconvénient de rendre les crayons facilement trop durs;

Quelquefois, mais plus rarement, et presque toujours modifiés, l'oxyde de bismuth, le sous-carbonate de plomb ou blanc de céruse;

Les terres magnésiennes, très-douces au toucher, sont employées aussi avec avantage.

Les matières modifiantes à ajouter à ces bases, et qui pourraient, dans plusieurs cas, les bonifier, sont : l'argile smectique, le talc ou schiste pulvérisé, le cristal pilé en poudre impalpable, et le kaolin, ou terre à porcelaine.

DES CORPS LIANTS OU MUCILAGES.

La décoction d'orge ou de malt [1], particulièrement propre à l'indigo, au bleu de Prusse et aux couleurs qui deviennent dures en séchant; pour les autres, elle donne peu de cohésion.

Le lait, qui ne forme qu'un faible agglutinatif, et ne doit être employé que pour les couleurs ayant déjà de la consistance.

[1] Malt, orge germée par la fermentation, ou drèche des brasseurs. Les substances qu'il contient et qui sont dissoutes par la fermentation sont : du sucre, de l'albumine, du mucilage, de l'amidon modifié, un peu de gluten et du tannin.

THÉNARD.

La gomme adragante, préférable à la gomme arabique, qui forme facilement croûte sur les crayons. On peut cependant diminuer cet inconvénient, en ajoutant à la gomme arabique un peu de sucre candi en poudre.

L'eau de savon blanc de Marseille, l'eau de graine de lin et l'eau miellée.

DES COULEURS.

Les couleurs sont, pour la plupart, les mêmes que celles employées dans la peinture à l'huile [1], telles que :
* * Le blanc de plomb ;
* * Le blanc de Krems ;
* Le blanc de zinc ;
* Le blanc d'Espagne ou craie ;
* Le jaune de Naples ;
* L'oxyde de zinc calciné ;
* * Le jaune minéral ;
* Les jaunes de chrome ;
* Le jaune indien ;
* * Les stils de grain ;
* Le protosulfate de cadmium [2] ;
* * L'arsenic rouge ;
* La pierre de fiel ;
* La craie rouge molle ;
* La terre rouge ;
* Les bols ;
* Le vermillon de Hollande ou de Chine ;
* Le brun rouge ;
* Le rouge de Venise ;

[1] Sont marquées d'un astérisque les couleurs qu'il faut éviter d'employer comme impropres au pastel.

[2] Cette riche couleur, d'un jaune orangé, n'a point encore été employée, comme principe colorant, dans le pastel, probablement à cause de son prix assez élevé ; cependant, aux avantages de la beauté et de la fixité, elle joint celui de se diviser facilement, de foisonner beaucoup, et celui de ne point s'altérer par les vapeurs sulfureuses. Elle est le principe du jaune de Naples brillant, employé à l'huile, et peut, dans le pastel, remplacer avec avantage le jaune de Naples.

Le rouge de chrome;
* La laque de Fernambouc;
Le carmin;
Les laques de garance;
Les laques de Smyrne;
Le bleu d'indigo;
Le bleu de Prusse;
Le smalt;
Le cobalt;
L'outremer;
La terre verte;
Le vert de cobalt;
Le vert de Brunswick;
Tous les verts de cuivre;
La terre d'Ombre;
Le brun de Prusse [1];
Le noir de Prusse;
Le noir de fumée;
Le noir d'ivoire;
Le noir de vigne;
Le noir de café;
Le charbon de bois de saule.

———

On peut joindre à cette série de couleurs celle des tons composés dans toutes les nuances.

[1] Découvert par M. Tapffer. Nous indiquerons plus loin, d'après M. Bouvier, la manière de l'obtenir.

DE LA PRÉPARATION DES MATIÈRES PREMIÈRES.

DE LA LÉVIGATION.

Nous avons dit plus haut que les pastels devaient s'étendre facilement et uniformément sur le papier. Pour arriver à cette qualité indispensable, il faut que les particules des matières employées dans leur confection soient d'une ténuité extrême.

Pour obtenir cette ténuité désirable, on aura recours à une opération nommée lévigation. Ce moyen est un lavage dont nous allons expliquer le procédé, connu de tous les fabricants de couleurs.

Toutes les matières employées à la confection des pastels devront subir cette préparation.

Les matières seront d'abord concassées avec un marteau entre plusieurs doubles de fort papier, puis pulvérisées au moyen d'un rouleau de bois du diamètre de 0ᵐ,10 environ, ou d'une bouteille du verre le plus épais qu'on pourra trouver, afin d'éviter qu'elle ne se casse entre les mains. On la roulera en appuyant fortement, jusqu'à ce que les matières soient réduites en poudre aussi fine que possible.

On préparera trois vases d'une capacité relative à la quantité de matières que l'on voudra laver ; telles seraient trois petites terrines en terre vernissée et à goulotte pour faciliter l'écoulement de l'eau lors de la décantation.

Dans la première on délaiera, dans une assez grande quantité d'eau de fontaine, la couleur réduite en poudre fine, et l'on agitera l'eau, au moyen d'une spatule de bois, jusqu'à ce que le mélange soit parfaitement exact ; on laissera reposer quelques instants, puis on versera cette première eau dans la seconde terrine, où elle entraînera toutes les matières étrangères que leur légèreté fera surnager. On la laissera déposer jusqu'à ce que la couleur soit entièrement tombée au fond et que l'eau soit devenue claire, ce qui aura lieu au bout d'un quart d'heure. Alors on décantera, en ayant soin de ne pas laisser s'échapper la couleur, qui restera pure, puisque les corps lourds, ayant été précipités les premiers en raison de leur pesanteur spécifique, seront restés dans le premier vase, et que l'eau entraînera les corps hétérogènes légers restés à sa surface.

On remplira de nouvelle eau la première terrine pour un second lavage du premier marc, et l'on opérera de même en versant l'eau, lorsqu'on décantera, sur le marc de la seconde terrine. Celui-ci, agité de nouveau, sera décanté dans la troisième terrine, où on le laissera reposer jusqu'à parfaite clarification de l'eau, que l'on décantera enfin jusqu'à la dernière goutte.

Plus il s'écoule de temps entre l'époque à laquelle on agite et celle à laquelle on décante, plus la couleur a de finesse et de ténuité.

On peut répéter cette opération jusqu'à ce que l'on ne trouve plus au fond du vase qu'un sédiment grossier, qu'on doit abandonner comme impropre aux préparations.

Après avoir réuni toute cette vase, produit de vos lavages, vous l'étendez sur des assiettes afin de faire évaporer l'eau qu'elle contient encore, et, lorsqu'elle est arrivée à l'état de pâte, vous en faites des trochisques de la grosseur d'une noisette que vous faites sécher à l'ombre sur du papier gris, lequel finit de les essorer en s'emparant du reste d'humidité qu'ils contenaient.

DU BROIEMENT.

Toutes les couleurs lavées doivent être broyées à l'eau, selon qu'elles sont plus ou moins susceptibles de se diviser, et jusqu'à ce qu'elles soient arrivées au plus grand degré de ténuité possible. Plusieurs d'entre elles demandent à être broyées, séchées et rebroyées trois et quatre fois, les unes à l'eau froide, les autres à l'eau chaude, quelques-unes à l'esprit-de-vin. On se sert, pour relever les couleurs, d'un couteau à palette; on les met alors, comme après le lavage, en trochisques de la grosseur d'une petite noisette, et on les fait sécher à l'ombre, à l'abri de la poussière, étendus sur des feuilles de papier non collé.

Ainsi préparées, ces couleurs seront renfermées dans des bocaux à large tubulure, pour servir au fur et à mesure des besoins; mais il est important, avant de les enfermer, d'être sûr qu'elles ne contiennent plus d'humidité, car cette humidité, étant concentrée, altérerait les couleurs.

Toutes les couleurs ainsi préparées se trouvent dans le commerce sous forme de trochisques.

Les bases ne seront lavées qu'au moment d'être employées.

DE LA CONFECTION DES CRAYONS.

S'il est important de choisir la base qui convient le mieux à la couleur que l'on veut employer, il n'est pas moins important de bien choisir l'espèce de mucilage qu'on doit y ajouter, afin d'arriver à ce que le pastel, après sa dessiccation, ne conserve que la consistance que l'on a voulu lui donner; c'est là la grande difficulté pour ceux qui n'ont pas l'expérience de ces sortes de compositions, et ils ne pourront y arriver sûrement qu'à l'aide de tâtonnements [1].

Ces crayons doivent être friables, c'est-à-dire laisser leur empreinte sur le papier au moindre frottement, sans avoir cependant assez peu de solidité pour se briser ou s'écraser dans les doigts; en règle générale, l'excipient (ou base) et le mucilage doivent être employés dans les proportions strictement nécessaires pour donner quelque soutien aux couleurs.

Le mucilage le plus ordinairement employé pour lier les particules de la matière, et en former une pâte, se compose de gomme arabique, ou, préférablement, de gomme adragante. Ce mucilage doit être plus ou moins épais, selon le besoin; on obtient ce degré de force en faisant fondre plus ou moins de l'une de ces gommes dans une même quantité d'eau.

La gomme adragante, produisant à poids égal un mucilage beaucoup plus abondant, doit être préférée, parce qu'après la dessiccation du pastel il en restera un moindre poids dans la pâte.

---

[1] Nous donnons, à la page 34, quelques recettes ou indications des bases et mucilages qui conviennent le mieux à chaque couleur.

On ajoutera au mucilage de ces gommes étendu d'eau un peu de sucre candi en poudre, lorsque les pâtes n'auront besoin que d'un agglutinatif très-léger, et seulement pour que les molécules ne se désagrégent pas. Elles acquerront ainsi moins de dureté en séchant. Quelquefois on remplace ce mucilage par du lait écrémé, ou par une légère décoction d'orge ou de malt.

Il reste à indiquer les procédés employés pour la confection des crayons pastels. Les pâtes primitives, ainsi que les couleurs, étant déjà préparées par les procédés que nous avons indiqués plus haut, il ne s'agit plus maintenant que de les mélanger entre elles, dans diverses proportions, pour obtenir les dégradations de teintes, et former des séries de couleurs, selon les besoins.

On commence par broyer (¹), d'après la méthode ordinaire, sur une glace dépolie, en délayant avec de l'eau mucilagineuse, humectant au fur et à mesure du besoin la couleur naturelle ou composée qui doit entrer dans la confection de la pâte ; puis on y ajoute, toujours en broyant, une assez petite quantité de son excipient pour en faire la nuance foncée, dont une partie servira de principe colorant à la série de teintes dégradées dont elle sera le type.

Les couleurs sèches et qui ne s'agrégent que difficilement seront broyées avec une eau de savon blanc de Marseille ; le savon rendra les crayons moelleux et la gomme les consolidera.

Lorsqu'on emploie la couleur pure, sans addition d'argile, qui affaiblit toujours la nuance, on se sert d'un mucilage un peu plus épais, afin de remplacer l'action agrégeante de l'alumine.

Après avoir divisé la couleur en autant de portions qu'on veut obtenir de teintes différentes, on broie chacune de ces parties avec une proportion croissante de son excipient ; ainsi, dans la première portion on incorporera une partie, dans la seconde deux, dans la troisième trois, etc., jusqu'à ce qu'on ait fait toutes les dégradations qu'on s'était proposées. On comprendra facilement qu'on pourra, par ce moyen, obtenir tous les tons, toutes les nuances, toutes les dégradations possibles. En débutant, on n'attrapera pas toujours de prime abord la nuance à laquelle on vise ; il faut compter sur des tâtonnements, du moins jusqu'à ce que l'habitude et la

---

(¹) Le but de ce broiement n'est plus ici de diviser les matières, action qu'elles ont déjà subie, mais bien de les malaxer pour les rendre homogènes.

pratique, guides infiniment plus sûrs dans les arts que les leçons écrites, aient familiarisé les yeux et la main avec les doses.

Pour gagner du temps dans les tâtonnements que l'on est obligé de faire pour obtenir les tons composés que l'on cherche, on se servira d'une pierre dite de Chalons. Pour connaître instantanément la teinte exacte que l'on obtiendra du ton de couleur que l'on vient de composer, on déposera un petit rouleau de cette pâte sur la pierre de Châlons; cette matière craieuse absorbant immédiatement l'humidité de la pâte fera paraître l'aspect vrai du ton qu'elle devra conserver.

Il ne faut pas, surtout en été, disposer une grande quantité de pâte à la fois, parce qu'elle serait susceptible de se dessécher à la surface avant qu'on eût pu la débiter en crayons, et que cette surface durcie, se mêlant à la pâte encore molle, rendrait les crayons graveleux. Pour éviter cet inconvénient, il faut tenir sa pâte couverte avec un linge épais, mouillé légèrement, lequel, interceptant l'action de l'air, conservera l'humidité à cette pâte jusqu'à ce qu'elle soit entièrement formée en crayons.

DU ROULAGE OU MISE EN FORME.

Pour mettre cette pâte en crayons, on la divise, au fur et à mesure, en petites masses, dont la quantité sera suffisante pour former un crayon; on les essorera, en les posant sur la pierre de Châlons, qui finira d'absorber l'excès d'humidité. On juge du degré où doit s'arrêter cette dessiccation en maniant la pâte entre les doigts. Si elle peut se pétrir sans trop y adhérer, sa dessiccation est à point. On roule alors une de ces petites masses, avec le plat de la main, sur une planchette unie et bien dressée, où sont fixées deux petites réglettes parallèles, éloignées l'une de l'autre de huit centimètres, et dont l'épaisseur, de huit millimètres, sera celle qu'on donne habituellement aux crayons de pastel ; lorsque la pâte ainsi maniée s'allonge et prend la forme d'un petit cylindre, et que l'on jugera que le diamètre se rapproche de l'épaisseur des réglettes, on finira de le rendre égal d'épaisseur, en remplaçant la main par une autre petite planchette dépassant la largeur des deux règles, avec laquelle on achèvera de rouler par un mouvement de va-et-vient, jusqu'à ce qu'il touche le bois des deux côtés. Le crayon ayant acquis, par ce travail, un diamètre bien uniforme dans toute son étendue, il ne restera plus qu'à le couper de la longueur de six centimètres, avec une lame mince qu'on passera sur une éponge mouillée pour l'humecter des deux côtés. Afin que cette section se fasse sans déprimer les extrémités, il faudra appuyer très-légèrement la lame en roulant.

Il se forme souvent dans la pâte, par l'interposition de l'air, des vides qui, lorsque les crayons sont secs, les rendent fragiles et très-difficiles à employer, parce que, sous la moindre pression, ils se pulvérisent sur le papier et offrent alors des cassures caverneuses. Pour éviter ce grave inconvénient, il faut avoir bien soin de malaxer la pâte avant de la mettre en cylindres, afin de chasser toutes les particules d'air qu'elle pourrait renfermer.

Un excellent moyen d'obvier à cet inconvénient est de comprimer fortement la pâte roulée entre des rainures cannelées qui se correspondent exactement.

J'ai imaginé une pince qui remplit, sous ce rapport, toutes les conditions désirables; elle comprime fortement la pâte, moule d'un seul coup le cylindre, et est si facile à employer, qu'on peut façonner un grand nombre de crayons en fort peu de temps.

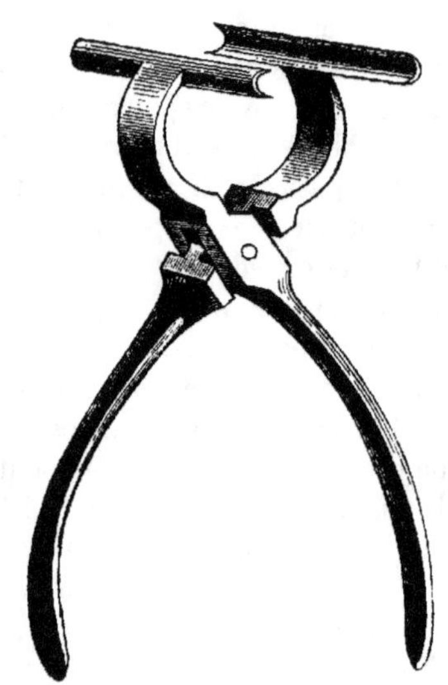

Les deux branches de cette pince, qui doit être en fer, ont en tout vingt centimètres de longueur et se croisent, par une charnière, à la hauteur de quinze centimètres. A la partie supérieure elles sont aplaties, courbées dans la forme d'une tenaille, et portent de chaque côté, à la place des mâchoires, une cannelure coupante sur ses deux bords qui, correspondant exactement lorsque les branches sont réunies, forment un tube légèrement conique, qui permet de dégager plus facilement le crayon lorsqu'il est moulé. Ce tube, ouvert aux deux extrémités, laisse sortir, de chaque côté, l'excédant de pâte qu'il ne peut contenir, tandis que les bords tranchants des cannelures l'incisent ; on refoule alors et simultanément, avec le pouce et l'index, la pâte qui sort par les extrémités, afin qu'il n'y ait point dans le crayon la moindre solution de continuité.

On pourrait perfectionner cette pince et la rendre plus facile à manier, en plaçant entre ses branches inférieures (ainsi qu'il en existe dans les sécateurs) un ressort qui la forcerait à s'ouvrir d'elle-même ; il suffirait alors d'une simple pression de la main pour la fermer, et en desserrant la main la pince s'ouvrirait aussitôt. Ainsi son emploi, plus facile, ferait gagner beaucoup de temps.

Il ne faut pas oublier, avant de mouler, de frotter l'intérieur du moule avec un pinceau de crin un peu dur, si légèrement enduit d'un corps gras qu'il n'en puisse pas déposer assez pour graisser le pastel, mais assez seulement pour que la pâte n'adhère pas et que le crayon puisse sortir facilement lorsqu'il est formé.

Les fabricants, qui ont une grande quantité de pastels à produire, se servent d'un appareil fixe semblable à une seringue, dont la canule cylindrique est, intérieurement, de la grosseur que l'on donne ordinairement aux pastels. Le piston est une vis de la longueur de la seringue, elle est terminée par une manivelle qui sert à la tourner. Cette vis refoule la pâte qui sort, par la canule, toute formée en cylindre que l'on fait de la longueur que l'on veut.

On fait sécher lentement ces pastels de la même manière que les trochisques ; si l'on hâtait la dessiccation, ils se fendilleraient et ne pourraient servir.

Lorsqu'ils sont bien secs, on enlève, avec un morceau de papier de verre, une espèce de hâle ou fleur, que l'humidité dépose à la surface du crayon en s'évaporant, et qui recouvre en partie le ton véritable. Si l'on négligeait ce soin, on serait trompé sur la nuance de ce crayon lorsqu'on voudrait l'employer.

Quand les pastels sont confectionnés, il faut, avant de les mettre en boîte, les essayer, afin de corriger ceux qui n'auraient pas complétement réussi; tels seraient :

Les crayons trop durs, dont le défaut proviendrait d'une trop forte proportion de plâtre ou d'argile. On les rebroierait avec de l'eau ou du lait écrémé, ou bien on y joindrait des matières friables, ou enfin on les broierait à l'esprit-de-vin.

Les crayons qui n'adhèrent pas, dont le défaut provient du manque de liant; pour ceux-là, on ajouterait, en les rebroyant, de l'argile blanche et du lait.

Ceux qui ne supportent pas la pression seraient rendus solides par une addition de plâtre, de gomme, ou durcis au feu.

Les crayons brisés ou usés, et les morceaux trop petits, qui ne peuvent être employés, seront rebroyés avec addition de craie et de lait, ou de gomme adragante, pour en faire des pastels demi-durs.

Ces crayons, dont la fragilité est extrême, demandent les plus grandes précautions, si l'on ne veut pas qu'ils se brisent avant d'être employés; il faut, quand ils sont bien secs, les mettre dans des boîtes plates au fond desquelles on étale du coton, ou mieux encore, du son. Chaque couleur et ses dégradations occupent une place distincte, et sont rangées parallèlement dans la boîte, ordinairement sur deux rangs séparés par une petite traverse.

Lorsqu'on veut emporter sa boîte pour faire des études à la campagne, il faut mettre, entre les pastels et le couvercle de cette boîte, un morceau d'ouate de coton, pour les empêcher de se déranger et de se casser en quittant leur place.

Nous allons donner ici l'indication des bases et des mucilages qui conviennent le mieux à chaque couleur primitive, en partie d'après les recettes de M. C.-L. Leuchs.

CRAYONS BLANCS.

1° Blanc de plomb, ou mieux, comme étant plus pur, blanc de Krems ou blanc d'argent, broyé avec addition de lait; pour le rendre plus ferme, on y ajoute de la gomme adragante.

Il faut éviter l'emploi de ces blancs, qui noircissent au contact des vapeurs sulfureuses.

2° Blanc de zinc, auquel il faut ajouter un huitième de blanc de Troyes; addition de lait.

Nous observerons relativement au blanc de zinc, qui a sur le blanc de plomb l'avantage de ne point noircir par les vapeurs sulfureuses, qu'il doit se faire avec l'oxyde de ce métal, connu dans le commerce sous le nom de fleur de zinc, et que, comme cet oxyde contient toujours quelques grenailles métalliques, il est essentiel de commencer par les séparer en délayant le tout dans l'eau et en opérant par la lévigation.

3° Craie pure ([1]); bien lavée et sans aucune préparation, elle adhère d'elle-même. Pour la rendre plus dure, il faut y ajouter de la gomme adragante. Cette base est plus généralement employée que toute autre.

CRAYONS JAUNES.

1° Ocre jaune broyée seule avec plus ou moins d'eau de gomme, base de craie;

L'ocre de rue, la terre d'Italie naturelle, les jaunes de Mars, seuls ou avec une craie et mucilage de gomme;

2° Jaune minéral, jaune de Naples, de chrome, turbith, seuls ou broyés avec de la craie et de l'eau de gomme;

3° Arsenic rouge, traité de la même manière. Cette couleur ne peut pas être mélangée avec le blanc de plomb, qui la ferait noircir;

4° Stil de grain, seul, ou broyé avec craie et mucilage de lait. On l'estime peu, parce que la couleur en est facilement altérée par la lumière;

5° Jaune indien, protosulfate de cadmium, seuls ou avec craie, addition de gomme;

5° L'oxyde de zinc calciné, remplaçant avec avantage le jaune de Naples, l'une des couleurs du pastel les plus désagréables. Seul ou broyé avec craie et addition de lait.

Le cadmium cité plus haut, mélangé avec de la craie dans la proportion convenable, donne un jaune de Naples des plus beaux.

([1]) La craie de Troyes, celle de Moudon (canton de Vaud) ou de Morat, en Suisse, sont celles qui conviennent le mieux pour excipient dans la confection des pastels.

CRAYONS ROUGES.

1° Craie rouge molle, terre rouge, bols, seuls ou broyés avec craie et mucilage de gomme ou de lait;

2° Vermillon, cinabre, rouge de Venise, brun rouge, rouge de chrome, rouge de Mars, terre d'Italie calcinée, mélange d'argile ou de craie, mucilage de gomme;

3° Laques de Fernambouc, de garance, de carmin ([1]), mêlées avec argile, quelquefois avec de l'amidon. Rendues solides avec de la levûre de bière ou de la décoction de malt, ou du lait, ou de l'eau de gomme.

CRAYONS BLEUS.

1° Bleu de Prusse ([2]), indigo ([3]) avec craie et décoction de malt;

([1]) Les laques et carmins qui contiennent une grande quantité d'alumine, pour laquelle les principes colorants des plantes ont une si grande affinité, ont l'inconvénient de produire un crayon qui n'a pas de moelleux. Pour obvier à cet inconvénient, on procède de la manière suivante: on teint en rouge de la craie de Troyes, mélangée d'un quart de magnésie bien lavée et bien broyée; pour cela, on emploie la cochenille, que l'on fait bouillir avec un peu d'alun; on passe cette décoction, que l'on verse sur l'excipient de craie et de magnésie; l'alun est décomposé, et l'alumine, en se séparant, entraîne la matière colorante, et la liqueur se trouve très-bien décolorée; on répète cette manœuvre jusqu'à ce que la craie soit assez teinte. Après avoir fait sécher, on moule comme à l'ordinaire. (Indiqué par M. FERRAND.)

Autre procédé. On fait bouillir la cochenille avec une dissolution étendue de sulfate de magnésie, à laquelle on ajoute un peu d'acide muriatique ou d'alun quand la couleur doit être claire, et on ajoute de la potasse tant qu'il se forme un précipité. La laque ainsi obtenue est tendre et friable; alliée à une base de craie, elle fait d'excellents pastels. (Indiqué par M. C.-L. LEUCHS.)

Pour les préparations du carmin, on emploie des vases de porcelaine ou de verre, ou un vase de cuivre bien étamé. Pour passer les décoctions, il ne faut pas employer d'étoffes qui aient été lavées avec du savon.

([2]) Le bleu de Prusse, dont le principe colorant est très-riche, acquiert en séchant, et communique à la base qu'on lui donne une dureté qui en rend l'emploi difficile. Voici le moyen que l'on a trouvé pour obvier à cet inconvénient : on traite le bleu de Prusse à chaud par l'acide sulfurique concentré, et on y ajoute ensuite de l'eau en assez grande quantité; le bleu, qui d'abord disparaît, se reproduit, mais dans un état parfait de division. On laisse bien déposer, on décante, puis on lave à plusieurs eaux; ensuite on ajoute à ce bleu, à l'état de bouillie claire, un mélange à parties égales de craie ou de magnésie, et un peu de bleu d'azur en poudre, pour diviser les molécules du bleu de Prusse. (Indiqué par M. FERRAND.)

([3]) L'indigo doit être pétri dans un mortier et broyé ensuite à l'eau chaude, puis

2° Small, cobalt, seuls ou avec craie et addition d'eau de gomme.

CRAYONS VERTS.

1° Terre verte et craie broyées avec de la gomme adragante ;

2° Vert de Brunswick ou toute autre couleur de cuivre avec craie et gomme ;

3° Tous les mélanges des bleus et des jaunes, broyés avec craie et mucilage de gomme.

CRAYONS BRUNS.

1° Terre d'Ombre ([1]), seule ou avec craie et eau de gomme ;

2° Brun de Prusse ([2]), auquel on ajoute un peu de noir d'os et de noir de fumée. Donne un brun très-chaud et très-profond ; broyé avec craie et décoction d'orge ;

3° Brun composé : terre d'Ombre et noir, terre de Cologne ([3]) et ocre, etc., avec craie et partie de magnésie, mucilage de lait ou décoction de malt.

on le jette dans un pot de terre vernissée plein d'eau bouillante; on y ajoute par intervalles deux fois le volume qu'on a employé d'indigo en alun de Rome. On met le pot sur le feu, on remue avec une cuiller de bois, et on éloigne de temps en temps du feu pour que le liquide ne renverse pas. Après six à sept bouillons, on laisse refroidir et reposer quelques heures. On décante et on verse le dépôt sur un filtre de papier soutenu par un linge; on l'arrose d'eau chaude pour enlever tout l'acide vitriolique d'alun. Quand l'eau est passée, on ramasse la fécule et on la broie.

([1]) Les pastels bruns, produits par la terre d'Ombre, s'obtiennent de la manière suivante : calcinez la terre, plongez-la toute rouge dans l'eau froide, elle sera dure et difficile à broyer; mais les crayons seront encore plus friables qu'ils ne l'auraient été sans ce moyen. En broyant à l'esprit-de-vin, on a plus de chance de la rendre traitable.

([2]) Mettez sur un feu assez vif une cuiller de fer, faites-la rougir; jetez-y quelques morceaux de bleu de Prusse de la grosseur d'une noisette, bientôt chaque morceau éclatera de soi-même et se dégradera par écailles, à mesure qu'il s'échauffera, jusqu'à devenir rouge lui-même. Retirez la cuiller du feu et laissez-la refroidir; si vous la laissiez plus longtemps sur le feu, vous n'obtiendriez pas la teinte désirée. Quand vous concasserez la couleur, il s'y trouvera des parties noirâtres et d'autres brunes jaunâtres, c'est précisément ce qu'il faut. Broyez le tout ensemble, il en résultera un brun couleur de bistre ou d'asphalte fort transparent. On aura l'attention de brûler cette couleur à feu découvert, sans quoi on n'aurait que du noir.

([3]) La terre de Cologne est encore plus rebelle : il faut la brûler et la laisser s'éteindre d'elle-même à l'air. On la broie longtemps à l'eau claire, on la filtre et on

CRAYONS NOIRS.

1° Charbons de bois de saule, de chêne, de vigne, brûlés à nu et éteints dans l'eau. Craie et gomme;

2° Noir de fumée calciné en le chauffant jusqu'au rouge dans un tube de fer clos. On y mêle un peu d'indigo et de terre d'Ombre, et un mucilage de gomme adragante, ou une décoction de malt;

3° Noir d'ivoire lavé à l'eau bouillante et décanté 24 heures après, on y mêle ensuite un peu de noir de fumée broyé avec décoction d'orge, ou eau légère de gomme;

4° Noir de café (1), seul ou avec de la craie, décoction de malt ou levûre de bière;

l'arrose abondamment; par ce moyen, elle donnera un crayon d'un beau noir olivâtre. Tous les bruns provenant du fer doivent être traités de même.

(1) Manière de préparer le noir de café. Procurez-vous une certaine quantité de marc de café, en vous assurant qu'il ne renferme aucun mélange de chicorée ou d'autres substances étrangères. Il faut que vous en ayez assez pour remplir complétement la boîte de fer dont on va parler tout à l'heure. Faites sécher ce marc en sorte qu'il n'y reste plus la moindre humidité; remplissez-en une boîte de fer, en la refoulant fortement. Il est très-essentiel que la poudre soit très-serrée dans la boîte, et qu'elle la remplisse complétement jusqu'en haut, en sorte que le couvercle, une fois appliqué dessus, la touche immédiatement, et qu'il n'y ait point de vide entre les deux. Mettez alors le couvercle de fer et enfoncez-le bien à fond. Procurez-vous d'avance, non pas de la terre glaise, qui éclate facilement au feu, mais de la terre dont les poëliers se servent pour mastiquer et bâtir les poëles de faïence. Délayez cette terre avec un peu d'eau, et pétrissez-la jusqu'à ce qu'elle ait la consistance d'un bon ciment; cela est fait en un instant. Garnissez-en tout l'extérieur de votre boîte à environ trois lignes d'épaisseur, et même un peu davantage aux jointures, de façon que nulle part le fer ne reste à découvert. Faites sécher cet enduit devant le feu ou à l'ardeur du soleil, jusqu'à ce qu'il ne reste plus aucune humidité; alors, en ayant bien soin de ne point enlever l'enduit, faites rougir la boîte à un feu très-vif, tel que celui d'une forge ou d'un poële qui ne flambe plus, mais qui contient encore un bon brasier de charbons. A mesure que la boîte s'échauffera, vous en verrez sortir, malgré le fer et l'enduit de terre, des flammèches bleuâtres qui s'échapperont de toutes parts, comme si elles étaient poussées par des chalumeaux; ce sont les restes de l'huile essentielle du café qui se font jour malgré les obstacles, et qui s'enflamment aussitôt. Quand vous n'apercevrez plus ces jets de flammes bleues, et que toute votre boîte sera d'un rouge vif, retirez-la du feu, en prenant des précautions pour que les pinces ne la dégarnissent point de l'enduit de terre, et laissez-la se refroidir : le noir est fait; mais, avant que d'ouvrir la boîte, enlevez avec un couteau toute la terre qui l'entoure, et prenez surtout de grandes précautions pour n'en laisser aucune trace à la jonction du couvercle. A cet effet,

5° Noir de Prusse, craie et décoction de malt ([1]).

Les pastels demi-durs sont exactement fabriqués comme les tendres ; on donne seulement aux mucilages que l'on emploie plus ou moins de force, selon qu'on désire les faire plus ou moins durs.

C'est avec les couleurs principales dont nous venons de parler

ne vous contentez pas seulement de la gratter avec la lame d'un couteau, prenez de plus une forte vergette à poils durs et courts ; et, pour terminer le nettoyage, mouillez la brosse, et, après en avoir frotté régulièrement cette place, essuyez-la bien, car, s'il entrait la moindre parcelle de cette terre dans votre noir, cette opération serait manquée, et la couleur serait gâtée. Ouvrez la boîte, et videz le noir qu'elle renferme dans une assiette propre qui n'ait jamais contenu aucune graisse, vous aurez un noir doux un peu gris bleuâtre, déjà presque impalpable. Le volume en sera fort diminué, cela ne peut être autrement ; c'est pour cela qu'il faut serrer, autant que possible, dans la boîte de fer, toutes les matières en poudre dont on veut faire du noir, afin qu'il ne s'y introduise que peu d'air ; sans cela, ces matières entrent en combustion, et produisent des cendres qui les altèrent considérablement.

Le noir de café se trouve déjà si fin, qu'il semble qu'on pourrait s'en servir en le délayant de suite. Mais il y a une précaution à prendre auparavant, comme pour toutes les couleurs qu'on élabore au feu ; il faut les laver à l'eau bouillante et à plusieurs eaux, jusqu'à ce qu'on en ait séparé les sels qu'elles contiennent, ce qui est aisé à reconnaître quand l'eau du lavage n'a plus aucun goût à la bouche. Vous décanterez l'eau, vous ferez sécher la couleur, et vous l'obtiendrez sous la forme de poudre : c'est alors que vous pourrez la broyer.

Pour que le noir ne surnage pas lorsqu'on veut faire le lavage, il faut d'abord verser dessus quelques gouttes d'esprit-de-vin ; il s'affaisse sur-le-champ : on remplit alors la cuvette, où est le noir, d'eau bouillante, on agite pour dégager tous les sels et accélérer la dissolution ; on décante la première eau, et on en substitue de nouvelle, toujours chaude, jusqu'à ce que l'eau reste parfaitement incolore et qu'elle ne laisse pas la moindre saveur sur la langue. On laisse s'opérer la précipitation et on décante. On recueille la poudre bien sèche, et on la met dans un flacon ou petit bocal.

Occupons-nous maintenant de la construction de la boîte.

La boîte, plus ou moins grande, doit être un cylindre creux de tôle d'une ligne d'épaisseur, fort mince en dedans, sans soudure, mais tenue par de bons clous bien rivés de tous côtés, de manière qu'elle puisse ne pas perdre l'eau qu'on y versera pour l'éprouver. Cette boîte peut avoir 6 centimètres de diamètre sur 16 ou 18 de longueur ; l'un des fonds sera solide, et l'autre extrémité aura un couvercle joignant bien, comme un dessus de tabatière ; ce couvercle aura un rebord d'environ 2 ou 3 centimètres pour embrasser la boîte. Il faut une tôle forte, le fer-blanc ne vaudrait rien ; il faut éviter la rouille.

M. Bouvier.

([1]) Le noir de Prusse s'obtient en brûlant le bleu de Prusse dans une boîte de fer bien lutée, ainsi que cela se pratique pour le noir de café. Le noir de Prusse est très-intense, fort doux et velouté, et se broie très-bien.

que se composent toutes les nuances et toutes les teintes particulières ; c'est-à-dire que celles-là sont des couleurs simples et celles-ci des couleurs composées. Par conséquent, il est entendu que, pour toute opération, les matières auront été lavées et purifiées avant d'être employées. Nous ne ferons pas mention de toutes les teintes, qui sont trop nombreuses ; pour abréger, nous nous bornerons à quelques exemples, en commençant par les résultats du blanc avec les autres couleurs prises dans l'ordre où nous les avons déjà suivies.

La craie, mêlée de jaune de chrome, donne des crayons soufre.

Craie et ocre, tons de chair.

Craie et ocre rouge, *idem*.

Craie et vermillon, *idem*.

Craie et garance ou carmin, *idem*.

Craie et bleu, bleu de ciel.

Craie et vert, vert-pomme.

Craie et terre d'Ombre, couleur fauve.

Craie et terre de Cologne, couleur cendrée.

Jaune et rouge, crayons orangés.

Jaune et bleu, crayons verts.

Jaune et terre d'Ombre, couleur bois.

Jaune et terre de Cologne, couleur olivâtre.

Les rouges et les couleurs brunes, telles que la terre d'Ombre et le noir, donnent la couleur fauve ou brune, approchant, plus ou moins, du marron. Le cinabre et le noir donnent la couleur brun-rouge très-obscur.

Indépendamment des teintes produites par deux couleurs, il se forme encore des couleurs particulières de plusieurs réunies.

Blanc, noir et bleu donnent ardoise.

Les mêmes, avec un peu de laque, acier.

Blanc, ocre, noir et bleu, gris-perle.

Deux parties de cinabre et une de laque, écarlate.

Deux parties de laque et une de cinabre, cramoisi.

Une partie de bleu de Prusse et deux de laque, pourpre.

On doit traiter avec soin les pastels pour les carnations.

Craie, ocre jaune et cinabre.

Craie avec plus d'ocre et de cinabre.

Craie, cinabre et carmin.

Peu de craie, brun rouge et carmin.

Les mêmes avec pointe de bleu de Prusse et d'ocre jaune.

Les tons d'ombre se composeront de blanc, ocre de ru et cinabre.

Brun rouge et bleu de Prusse.

Sanguine, cinabre et terre d'Ombre calcinée.

Les mêmes avec addition de noir.

Les charbons de bois de peuplier ou de saule sont trop tendres employés seuls, mais très-bons mêlés avec brun rouge, carmin, cinabre, terre d'Ombre et bleu, pour faire des bruns différents.

Il faut faire diverses nuances de teintes brunes, comme de teintes claires, en augmentant ou diminuant la dose de quelques-unes des couleurs principales qui les produisent, telles que le brun rouge, le carmin, le bleu, le noir, et même en supprimant le blanc, qu'on remplace par l'ocre jaune.

Il est nécessaire de dire que, dans toutes ces préparations, toutes les couleurs baissent de ton en séchant; il faudra donc en tenir compte.

Tels sont les mélanges au moyen desquels on peut former des crayons de pastel des différentes substances colorées. C'est assez et trop peut-être sur cet article : l'usage apprend ces choses-là; mais les personnes qui s'essaient ont besoin de secours : c'est pour elles seules que je suis entré dans ces détails.

Il ne serait pas impossible qu'il y eût d'autres expédients que ceux que j'indique pour composer des crayons et rendre les substances traitables; mais, à coup sûr, il n'en est pas de plus simples à cet égard, ni même de plus certains que ceux que j'ai proposés. Je crois n'avoir rien omis d'essentiel : peut-être suis-je entré dans des détails minutieux; mais ils étaient nécessaires pour aplanir les difficultés qui souvent découragent.

DES FONDS OU SUBJECTILES.

Pour fonds ou subjectiles, on doit rechercher ceux sur lesquels il sera plus facile de produire des touches empâtées et des teintes lisses fuyantes, et particulièrement ceux qui retiendront mieux la poudre qui leur sera confiée.

Des papiers forts, peu plucheux et collés sont très-propres, ou à être poncés et rendus cotonneux, ou à recevoir une légère couche d'amidon, chargée de poudre impalpable de pierre-ponce.

On peut peindre sur toute espèce de papier en lui retirant le lisse et la dureté, au moyen d'un os de sèche remplaçant la pierre-ponce.

Les papiers laineux tels que les forts papiers gris d'un grain égal et sans trop de rugosités ont cela d'avantageux que la besogne s'expédie vite, et que le crayon y adhère parfaitement.

La préférence pour telle ou telle couleur de papier est affaire de routine. On se sert du bleu, du gris, du rose, etc. Voici ce que j'ai remarqué : le papier bleu dont le ton est froid a un inconvénient, les teintes que l'on pose dessus semblent chaudes par opposition, et quand il est tout couvert, il en ressort une teinte grise générale qui amortit la peinture. Un papier d'une teinte gris-clair-orangé serait plus commode et tromperait moins.

Quelques personnes se servent d'un papier plucheux et grossier, tel que celui qui entoure les pains de sucre; il est tout au plus bon à faire une esquisse grossièrement ébauchée.

Le meilleur et le plus commode de tous les papiers est, sans contredit, le papier pumicif. Sur sa légère couche de ponce, le pastel prend et adhère bien; les teintes y paraissent fraîches et légères; il permet de charger de couleurs les parties qui, pour l'effet, doivent être empâtées; les teintes s'y noient facilement, et la touche ferme y reste vigoureuse; on peut revenir autant de fois que l'on veut, sans crainte de lui voir refuser le crayon, inconvénient qui arrive souvent sur les autres papiers, lorsqu'on se sert de pastels où l'argile domine; cette terre, douce et grasse, rend le papier savonneux et l'empêche de retenir le crayon.

La préparation du papier pumicif consiste en une légère couche

d'amidon ou de gélatine, sur laquelle on répand également, à travers un tamis fin, une poudre impalpable composée par parties
égales de ponce de sèche et de sciure de bois. On trouve dans le
commerce du papier ainsi préparé de toutes les grandeurs et jusqu'au format grand-aigle.

Quelques artistes se servent avantageusement de vélin dit mou-
tonné, dont l'un des côtés, comme celui de la peau blanche, n'ayant
point été corroyé, est resté plucheux; ce vélin pour le pastel offre de
grands avantages, mais on ne peut l'employer pour les études à
cause de son prix élevé.

On prépare, par le même procédé, des fonds pumicifs sur pan-
neaux de bois, de carton, et sur des toiles fines, semblables à celles
dont on se sert pour la peinture à l'huile.

Avant d'entreprendre une peinture sur un fond pumicif, on aura
soin d'enlever légèrement, au moyen d'un bouchon de papier, le
plus gros de la ponce qui adhère à la surface; si l'on négligeait
cette précaution, on ne tarderait pas, en travaillant, à s'enlever jusqu'au sang l'épiderme du bout des doigts.

Tous ces papiers ne peuvent servir convenablement pour le pastel qu'autant qu'ils sont tendus sur des châssis ou sur des cartons.

Lorsqu'on veut tendre son papier sur un châssis, il faut avoir
soin, pour soutenir le papier sur lequel on doit travailler, de tendre
préalablement, soit une toile douce, soit un canevas plat, comme
celui que l'on emploie pour les toiles ordinaires de la peinture à
l'huile, soit enfin un fort papier, afin que l'on puisse travailler en
toute sécurité, et appuyer le pastel et le doigt sans craindre de dé-
tendre ou de crever le papier.

Pour un petit châssis, une feuille de papier suffit; mais, lorsqu'il
est grand, non seulement on tend la toile, mais encore on colle
dessus un fort papier avant de mettre celui qui doit recevoir le pastel. Le châssis d'une grande dimension doit avoir une ou deux
barres en croix, pour lui donner de la solidité et l'empêcher de se
tordre par la force de la tension.

L'usage d'un stirator garni d'une toile est d'un grand secours
pour faire des études, en ce qu'il faut peu de temps pour tendre son
papier.

Pour aller étudier d'après nature, on peut avoir une boîte contenant cinq ou six cartons tendus et préparés, placés verticalement

dans des coulisses espacées de moins d'un centimètre, et dans lesquelles ils seraient comme dans un étui d'album, sans se toucher. On les tirerait au moyen d'une petite boucle de ruban de Padoue qui serait fixé au milieu; le haut de cette boîte serait fermé par un couvercle à charnières, retenu par deux crochets. La grandeur dépendrait de la volonté du peintre.

On fait aussi des albums préparés pour ces genres d'études, dans lesquels chaque feuille est garnie à son verso d'une feuille de papier serpente très-lisse, qui protége le dessin de la feuille suivante.

DE LA MANIÈRE DE PEINDRE AU PASTEL.

Ainsi que je l'ai dit au commencement de ce petit traité, je considère ceux à qui je m'adresse comme sachant suffisamment dessiner pour s'occuper de peinture. Je chercherai donc à faire comprendre seulement la manière d'employer les crayons de pastel. Comme il est impossible de donner une explication détaillée de tous les tons qui doivent entrer dans l'exécution d'une peinture, je me bornerai à indiquer le procédé d'opération que l'on doit employer pour ébaucher et pour finir.

La peinture au pastel offre peu de difficultés sous le rapport matériel; quelques mots suffisent pour l'expliquer : on crayonne les traits et les teintes, on les associe par superposition, enfin on les fond à l'aide du petit doigt.

Il ne faut pas se persuader cependant que, pour produire de bonnes choses par ce procédé, il suffise d'avoir de la main ou de l'adresse d'imitation; il faut encore bien connaître les règles positives de la peinture.

Il n'y a qu'une seule manière de peindre au pastel, mais il y a beaucoup de manières d'opérer; chacun en possède une qui lui est propre, et qu'il doit à son expérience.

Une de ces manières, qui est employée pour faire de petits portraits que l'on veut exécuter promptement, consiste à étendre légèrement le pastel au moyen d'estompes de liége ou de papier gris roulé que l'on nomme tortillons, ou bien encore d'estompes de moelle de sureau. Après avoir ainsi préparé son ébauche, on revient par-dessus au moyen de pastels demi-durs que l'on taille en pointe, et avec lesquels on fait des hachures peu senties qui viennent donner de la fermeté aux tons aussi bien qu'au dessin. On termine par un pointillé. Ce genre permet un très-grand fini.

Pour faire valoir le travail de la figure, celui des vêtements doit être large et peu terminé, si ce n'est dans la partie qui avoisine la tête; le tout allant se perdre aux alentours comme un souffle.

Dans la peinture d'une grande tête ou d'un portrait, on procède de la manière suivante : on fait choix d'un crayon de pastel demi-dur, brun ou rouge, avec lequel on fait son trait; on indique légèrement, afin que le crayon ne trace pas un sillon au fond duquel le pastel ne pourrait atteindre lors de l'ébauche, et laisserait toujours à cette place une raie noire qui gâterait la peinture. La mine de plomb employée pour faire le trait produirait le même inconvénient en déposant sur le papier sa matière lisse et glissante, sur laquelle le pastel ne pourrait pas adhérer. Quand le trait est fini, on établit un peu d'effet en mettant la tête dans ses masses au moyen du crayon brun et de l'estompe. Lorsqu'on est satisfait de la ressemblance, on passe légèrement sur le tout un tampon de coton en carde pour faire paraître la tête comme dans la vapeur; on procédera alors à l'ébauche.

Le fond du papier étant d'une couleur demi-teinte, on commencera par les lumières en crayonnant et associant les tons par superposition; on passera aux ombres, que l'on traitera d'une manière large et vigoureuse, puis on viendra lier ces tons opposés de lumière et d'ombre par de riches demi-teintes et des reflets.

Les teintes fraîches se trouvant particulièrement dans les tons clairs, il sera bon de tenir son ébauche un peu soutenue de couleur et dans un ton chaud, afin de réserver les tons frais pour la dernière main. Après avoir mis en place toutes les teintes par un travail semblable à une mosaïque, lorsque la tête est à l'effet et dans de bonnes conditions de forme, de couleur et d'expression, alors seulement, pour obtenir de l'harmonie et de l'union dans le coloris, on passe les teintes les unes dans les autres avec le bout du petit doigt, qui fait l'office d'estompe, et que rien ne saurait remplacer. On rend *flou* en noyant les teintes et les contours, sans perdre les formes, qui prennent alors de la douceur et du moelleux. Ce travail diminue beaucoup la valeur des tons, ce qui explique la nécessité d'une ébauche vigoureuse. Lorsqu'on a terminé l'ensemble, on cherche, en reprenant les pastels, à rentrer dans les finesses de tons du modèle, en modifiant ceux qui choquent et que l'on ne trouve pas justes par les qualités qui leur manquent. Les tons qui seraient lourds devront devenir légers, et ceux qui seraient froids devenir chauds; ainsi de suite.

Lorsqu'on a un certain talent, on sait tirer parti de tout; mais un élève ne possède aucune ressource, et lorsqu'il opère avec crainte et que viennent les difficultés, il s'embarrasse de plus en plus et finit par se perdre dans la multiplicité des tons. Il charge de couleur, il tourmente cette couleur, il la salit; il cherche à se rattraper par la forme, et ne produit rien de bon. Il devra donc attaquer avec un peu d'audace. La crainte ôte toute liberté, toute facilité; avec elle, le travail devient froid, monotone, et ne produit aucun effet : quand, au contraire, on fait avec hardiesse, il peut devenir élégant et facile; quiconque a un peu d'expérience ne saurait le nier. C'est ce qui explique le plaisir que l'on a à voir un croquis fait par un homme habile.

Il est très-important, avant de passer les teintes, de s'assurer de la justesse de leur coloris, de leur valeur relative comme lumière, comme demi-teintes, comme ombres ou reflets, et de la valeur qu'elles doivent apporter par leur concours à l'effet général.

Le travail du doigt offrira d'abord une apparence de difficulté d'autant plus grande que les détails à passer seront plus petits; mais bientôt la pratique en donnera l'habitude.

Les habiles pastellistes n'abusent pas de ce moyen du doigt; ils savent fondre, unir et accorder le clair-obscur et le coloris par l'art seul de choisir les crayons et de composer les teintes sur le papier, le doigt ne leur servant qu'à insérer, à enfoncer, à incruster cette poussière colorée. Un ignorant, au contraire, frotte beaucoup du doigt, et il ne connaît le mélange et le modelé qu'en affadissant le coloris par un adoucissement opposé à la justesse d'imitation.

Le défaut de tous les commençants est d'exécuter et de finir les détails, d'oublier ou de négliger les grandes masses, chose facile à reconnaître lorsque l'œil embrasse l'effet du tout ensemble.

L'on ne saurait donc trop recommander de chercher un coloris large et vigoureux, sans sortir toutefois des limites de la nature.

La chair, dans l'ombre, doit être d'un brun léger mêlé de diverses teintes rompues de brun-rouge, de carmin, de jaune, de bleu. Gardez-vous de voir la nature verte ou violette, comme l'ont fait quelques artistes.

On aura soin de jeter dans les ombres, même à côté des parties saillantes, quelques coups de crayon vigoureux, sans dureté. Ce crayon peut être un composé de brun-rouge, de bleu, de noir et de carmin.

Nous conseillerons, comme favorable à ce genre de peinture, la manière italienne, obscure et chaude; elle produit un excellent effet, si l'on évite l'excès de noir et la dureté, s'il règne dans les ombres, même les plus sourdes, une certaine transparence qu'on obtient par des demi-teintes, sans quoi les ombres seraient toujours lourdes et pesantes. Ces ombres, en général, doivent, par les reflets, participer des tons qui les environnent.

On terminera la peinture en l'enrichissant de tons doux et suaves, de teintes fraîches et purpurines et de demi-teintes bleues et légères dans les carnations de femme; de tons chauds et colorés et de demi-teintes solides dans celles des hommes.

Évitez surtout de salir, par des couleurs obscures, les touches qui doivent rester dans le clair; elles ne doivent se mêler que par leurs extrémités lorsqu'on les fond ensemble. Le meilleur moyen est de les unir par des demi-teintes.

On se gardera, par conséquent, de suivre la manière de ces peintres qui composent leurs tons sur le papier même, en y brouillant quelques couleurs; il faut les placer avec méthode, sans quoi elles sont toujours un peu tourmentées, et souvent elles ne produisent que des barbouillages.

Les demi-teintes participent des couleurs voisines qui les entourent; on y fait entrer un peu plus de jaune, de bleu, de violet, de verdâtre, suivant les teintes dont il s'agit ou suivant la nature des reflets qu'elles reçoivent.

Vainement répétera-t-on qu'il faut graduer avec intelligence les clairs et les ombres, et donner à toutes ces parties une belle harmonie : on entendra fort bien tout cela, mais on ne saura pas mieux comment s'y prendre ; c'est par l'usage, par le goût, par la comparaison qu'on peut y parvenir.

Les draperies et les accessoires doivent être traités d'une manière beaucoup plus large et moins terminée.

Le fond, ou champ placé derrière la tête, sera clair ou vigoureux, selon l'effet que l'on voudra produire, et toujours dans de justes rapports avec les parties qu'il doit faire détacher ; il ne doit pas être fait au hasard, mais être sagement calculé, et de manière à ce qu'il ne nuise en rien à la teinte ou à la vigueur des ombres, et qu'il ait cependant assez de valeur et de force pour détacher, par opposition, les clairs et les accessoires. A quelques pouces à l'entour de la tête, on dégradera le fond de telle sorte que les teintes soient plus sombres que les demi-teintes des chairs et plus claires que les ombres véritables, afin qu'il y ait de l'air et de l'espace entre le fond et la tête, et que celle-ci semble se détacher du tableau ; il faut aussi éviter d'y placer sans nécessité des détails, de quelque nature qu'ils soient, pouvant attirer l'attention au détriment de l'objet principal.

Redoutez la monotonie de ces fonds d'une teinte égale et uniforme ; il serait mieux qu'ils fussent nuageux, mais dans des tons vagues, très-vaporeux, et de diverses couleurs formant entre elles un tout harmonieux.

Voici ce que dit Reynolds au sujet du fond :

« Que le champ de votre tableau soit vague, fuyant, léger, bien
« uni ensemble, de couleurs amies, et fait d'un mélange où il entre
« de toutes les couleurs qui composent l'ouvrage, comme serait le
« reste d'une palette, et que réciproquement les objets participent
« de la couleur de leur champ. »

S'il arrivait, dans le cours de l'ouvrage, que le papier, fatigué par un travail peiné, devînt gras sous le frottement réitéré du pastel et refusât de recevoir le crayon, il faudrait le dégraisser en l'épidermant légèrement avec de la ponce, du papier de verre très-fin, ou mieux encore avec un morceau de sèche. Cet inconvénient, lorsqu'il arrive, n'est presque jamais seul ; car, lorsque le papier se graisse, c'est que l'on a pesé trop fortement sur le pastel. Alors il se détend et se gaufre en cet endroit, et reste dans cet état ; ce qui fait un si mauvais effet qu'on serait obligé d'abandonner la peinture si l'on n'avait, pour le faire revenir, un procédé bien simple,

auparavant trois chopines d'eau-de-vie blanche et un verre d'esprit-de-vin. La quantité de cette liqueur peut être augmentée proportionnellement, en raison de la grandeur des tableaux que l'on voudra fixer. Il ne faut pas l'employer lorsqu'elle est trop ancienne.

Pour faire l'immersion, il faut se servir d'une boîte carrée et plate, dans laquelle on place une toile cirée, dont on relève les bords en forme de cuvette, à moins qu'on n'ait un grand bassin en zinc, ce qui serait infiniment mieux. On verse la liqueur après l'avoir fait chauffer au bain-marie, ayant bien soin de n'y laisser couler aucun dépôt. On prend le tableau horizontalement, la face en dessous; on le plonge et on le retire subitement, dans la même position horizontale, en ayant soin que la liqueur ne passe pas pardessus le châssis; puis on le place dans quelque endroit abrité, où il ne pose que par ses deux bords. Lorsque le tableau est bien sec, on juge si le pastel est fixé, en frottant avec le doigt : rien ne doit se détacher, et cependant les teintes n'auront subi aucun changement apparent. On a reconnu que le pastel ainsi fixé était susceptible de recevoir une couche de vernis. Si l'on veut le vernir, on y applique préalablement une couche ou deux de colle de poisson assez forte, et dans laquelle on mêle un tiers d'esprit-de-vin ou de bonne eau-de-vie blanche. Quand cette couche est sèche, on vernit en employant du vernis de première qualité.

Les pastels ainsi fixés, mais non vernis, ont l'avantage de pouvoir être retouchés au pastel ou à la gouache.

Autre composition employée exactement de la même manière que la précédente, et dont le résultat n'est pas moins certain.

Faites fondre, dans deux bouteilles d'eau filtrée, seize grammes de gélatine ou de belle colle de Flandre, que vous aurez fait détremper vingt-quatre heures à l'avance. Lorsque la colle est bien fondue et que le liquide est en ébullition, ajoutez seize grammes de savon blanc de Marseille, coupé en petits copeaux très-minces, afin qu'il se dissolve promptement; laissez bouillir un quart d'heure; retirez du feu et jetez dedans huit grammes de bel alun en poudre. Laissez reposer et filtrez dans un linge blanc et serré, avant que la liqueur soit entièrement refroidie.

Ajoutez à froid cent cinquante grammes d'eau-de-vie blanche, et agitez le tout ensemble. Conservez bien bouchée cette composition, que vous réchaufferez au bain-marie quand vous voudrez l'employer.

FIXATIF EMPLOYÉ PAR ASPERSION.

Faites dissoudre au bain-marie deux gros de colle de poisson dans une chopine d'eau; mêlez alternativement une partie de cette colle avec deux parties d'esprit-de-vin.

On applique ce fixatif sur le revers de la peinture, en procédant par une aspersion très-fine et très-égale, au moyen d'une brosse imprégnée de liqueur, que l'on fait jaillir en courbant les crins de cette brosse avec la main et les laissant revenir par leur propre force.

De nombreuses épreuves ont confirmé que les couleurs altérées par l'air sont régénérées et recouvrent un nouveau lustre au moyen de cette mixtion, qui détruit aussi les taches de moisissure occasionnées par l'humidité. On pourra donc l'employer avec avantage dans la restauration des anciens pastels.

FIXATIF EMPLOYÉ PAR LA VAPEUR.

Faites chauffer au bain-marie, jusqu'à l'ébullition, deux onces d'esprit-de-vin et deux gros de sucre candi pulvérisé, dans une cornue recourbée, au col de laquelle on adapte une tête d'arrosoir en fer-blanc. Pendant tout le temps que dure l'ébullition, on dirigera la vapeur sur le tableau, par derrière, jusqu'à ce que le papier et la couleur en soient bien imprégnés. Quelquefois on opère directement sur le pastel, mais alors il ne faut pas laisser la vapeur se condenser et former des gouttes d'eau; il faut promener la peinture à une certaine distance de la vapeur, afin que celle-ci ne s'y dépose pas en trop grande quantité à la fois. Lorsque la vapeur a bien pénétré la couleur, elle se fixe entièrement en séchant; on passe ensuite le doigt sur chaque ton, ainsi qu'il a été dit plus haut.

Quelques personnes emploient, pour gouacher de grandes vigueurs dans des plis profonds, dans l'architecture ou dans les terrains, une gouache faite de pastel détrempé avec du vernis de relieur étendu d'esprit-de-vin ; mais ces touches ne sont presque jamais d'un bon effet, et laissent au milieu du pastel des tons brillants qui choquent l'œil. Les compositions indiquées ci-après atteindront le même but, et ne laisseront aucun brillant :

125 grammes d'esprit-de-vin rectifié,
4 grammes de résine blanche pulvérisée,
1 gramme d'essence volatile de romarin,
25 centigrammes de camphre.

La même modifiée.

62 grammes d'esprit-de-vin rectifié,
2 grammes de résine blanche pulvérisée,
4 grammes d'essence volatile de romarin,
25 centigrammes de camphre.

Faites digérer le tout sur des cendres chaudes dans un vase de verre.

Ces dernières préparations servent également à fixer les dessins faits à la mine de plomb.

www.ingramcontent.com/pod-product-compliance
Lightning Source LLC
LaVergne TN
LVHW021153200726
843510LV00001B/329